Mina Kumari

O salto quântico: a IA no próximo século

Mina Kumari

O salto quântico: a IA no próximo século

ScienciaScripts

Imprint
Any brand names and product names mentioned in this book are subject to trademark, brand or patent protection and are trademarks or registered trademarks of their respective holders. The use of brand names, product names, common names, trade names, product descriptions etc. even without a particular marking in this work is in no way to be construed to mean that such names may be regarded as unrestricted in respect of trademark and brand protection legislation and could thus be used by anyone.

Cover image: www.ingimage.com

This book is a translation from the original published under ISBN 978-620-7-80920-2.

Publisher:
Sciencia Scripts
is a trademark of
Dodo Books Indian Ocean Ltd. and OmniScriptum S.R.L publishing group

120 High Road, East Finchley, London, N2 9ED, United Kingdom
Str. Armeneasca 28/1, office 1, Chisinau MD-2012, Republic of Moldova, Europe
Printed at: see last page
ISBN: 978-620-8-13741-0

O salto quântico: a IA no próximo século

Por

Dr. Mina Kumari

Universidade K.R. Mangalam, Sohna, Gurugram

O salto quântico: a IA no próximo século

Prefácio

Nas primeiras décadas do século XXI, a humanidade encontra-se no precipício de uma era transformadora alimentada por duas tecnologias inovadoras: a inteligência artificial (IA) e a computação quântica. Enquanto assistimos à rápida evolução dos sistemas de IA capazes de imitar a cognição humana e de a ultrapassar em tarefas especializadas, outra revolução emerge silenciosamente do domínio da mecânica quântica. A computação quântica, com a sua promessa de cálculos exponencialmente mais rápidos e novas capacidades de resolução de problemas, tem o potencial de redefinir os limites do conhecimento humano e do poder computacional.

Este livro, "The Quantum Leap: AI in the Next Century", explora a intersecção destes dois campos extraordinários e o seu potencial combinado para moldar o futuro da tecnologia, da sociedade e da própria humanidade. Desde os princípios fundamentais da IA e da computação quântica até às sinergias que surgem quando estas disciplinas convergem, embarcamos numa viagem que atravessa a descoberta científica, a inovação tecnológica e a investigação ética. Através desta exploração, pretendemos iluminar não só as imensas possibilidades que nos esperam, mas também os desafios complexos que devem ser enfrentados à medida que avançamos para um futuro em que a inteligência quântica e as mentes artificiais coexistem.

Junte-se a nós enquanto mergulhamos nos domínios da IA quântica, imaginando as paisagens do futuro onde a computação não conhece limites e a inteligência transcende o convencional. Juntos, vamos embarcar numa missão para compreender e aproveitar o poder do "Salto Quântico".

Saudações calorosas,

Dr. Mina Kumari

Índice

Capítulo 1: Fundamentos da IA e da computação quântica

Compreender a IA

Introdução à IA

Definições e conceitos fundamentais: A IA, ou inteligência artificial, refere-se à simulação da inteligência humana em máquinas que são programadas para pensar e aprender como os seres humanos. Isto inclui tarefas como o reconhecimento da fala, a tomada de decisões, a tradução de línguas e a perceção visual. O conceito remonta a meados do século XX, tendo evoluído através de várias fases de investigação, desenvolvimento e aplicação.

Principais marcos no desenvolvimento da IA: O capítulo abrange marcos importantes, começando com os primeiros trabalhos de Alan Turing e a Conferência de Dartmouth em 1956, que lançou as bases da IA como área de estudo. Avança através de períodos de otimismo e ceticismo, destacando avanços como os sistemas especializados, as redes neuronais e os algoritmos de aprendizagem profunda que impulsionaram a IA para a corrente dominante atual.

Técnicas e abordagens de IA

IA simbólica vs. aprendizagem automática: Discute a abordagem simbólica tradicional da IA, que envolve a utilização de regras e lógica para imitar o raciocínio humano, em contraste com as técnicas modernas de aprendizagem automática que se baseiam em grandes quantidades de dados e no poder computacional para aprender padrões e tomar decisões.

Tipos de IA: Abrange a IA restrita (ou IA fraca) que é concebida para tarefas específicas, como jogar xadrez ou reconhecer rostos, em comparação com a IA geral (ou IA forte) que pode realizar qualquer tarefa intelectual que um humano possa realizar.

Considerações éticas e sociais

Impacto no emprego e na economia: Examina a forma como a adoção da IA afecta os padrões de emprego e as estruturas económicas, discutindo a deslocação e a criação de empregos em vários sectores.

Implicações éticas: Levanta preocupações éticas em torno da IA, incluindo a parcialidade dos algoritmos, as violações da privacidade e as implicações éticas dos sistemas autónomos que tomam decisões que afectam a vida dos seres humanos.

Direcções futuras

A IA no século XXI: Especula sobre as futuras direcções da IA, incluindo os avanços no processamento da linguagem natural, na aprendizagem por reforço e na investigação ética da IA. Discute potenciais aplicações nos cuidados de saúde, transportes, finanças e outras indústrias.

Conclusão

Resumo dos pontos principais: Resume os conceitos fundamentais da IA abordados no capítulo, enfatizando a evolução da IA desde as suas origens até às suas capacidades actuais e potencial futuro.

Olhar para o futuro: Prepara o terreno para o Capítulo 2, salientando a necessidade de compreender as actuais capacidades e limitações da IA, à medida que exploramos a sua sinergia com a computação quântica nos capítulos seguintes.

Introdução à computação quântica

Noções básicas de mecânica quântica

- **Fundamentos de Mecânica Quântica**: Introduz os princípios básicos da mecânica quântica relevantes para a computação quântica, incluindo a sobreposição, o emaranhamento e a interferência quântica. Estes conceitos formam a base sobre a qual a computação quântica opera, permitindo computações que exploram estados quânticos para além dos limites clássicos.

Bits quânticos (Qubits)

- **Comparação com bits clássicos**: Contrasta os bits clássicos, que podem estar num estado de 0 ou 1, com os qubits, que podem existir em sobreposições destes estados. Esta propriedade aumenta exponencialmente o poder computacional dos computadores quânticos, permitindo-lhes processar grandes quantidades de informação em simultâneo.

- **Tipos de Qubits**: Discute diferentes implementações físicas de qubits, tais como circuitos supercondutores, iões aprisionados e qubits fotónicos, cada um com as suas vantagens e desafios.

Portas e algoritmos quânticos

- **Portas Quânticas**: Explica as portas quânticas básicas (por exemplo, porta Hadamard, porta CNOT) que manipulam qubits, semelhantes às portas lógicas clássicas mas com efeitos quânticos.

- **Algoritmos quânticos**: Apresenta algoritmos quânticos fundamentais, como o algoritmo de Grover para problemas de pesquisa e o algoritmo de Shor para a factorização de números inteiros grandes, destacando as suas potenciais vantagens em relação aos algoritmos clássicos em tarefas computacionais específicas.

A supremacia quântica e os desenvolvimentos actuais

- **Alcançar a supremacia quântica**: Define a supremacia quântica como a capacidade dos computadores quânticos para resolverem problemas que os computadores clássicos não conseguem resolver num período de tempo razoável.

- **Estado da Computação Quântica**: Analisa os desenvolvimentos actuais em hardware e software quânticos, incluindo os progressos realizados pelas principais empresas e instituições de investigação no sentido de alcançar capacidades práticas de computação quântica.

Desafios e limitações

- **Decoerência e correção de erros**: Discute o desafio de manter a coerência dos qubits (decoerência) e a necessidade de técnicas de correção de erros para atenuar os erros quânticos.

- **Questões de escalabilidade**: Explora os desafios da escalabilidade na computação quântica, tais como o aumento do número de qubits mantendo a sua coerência e integridade computacional.

Aplicações da computação quântica

- **Aplicações potenciais**: Explora as potenciais aplicações da computação quântica em vários domínios, incluindo criptografia, ciência dos materiais, problemas de otimização e aprendizagem automática.

- **Implementações práticas actuais**: Destaca aplicações e experiências do mundo real em que a computação quântica mostrou resultados promissores ou vantagens potenciais em relação aos métodos clássicos.

Conclusão

- **Resumo dos pontos principais**: Resume os conceitos fundamentais e os desafios discutidos na introdução à computação quântica.

- **Importância da computação quântica** : Salienta o potencial transformador da computação quântica para revolucionar as capacidades computacionais e resolver problemas complexos que ultrapassam o alcance dos computadores clássicos.

Bits quânticos (Qubits) e suas propriedades

Introdução aos Qubits

- **Definição**: Os Qubits são as unidades fundamentais da informação quântica na computação quântica. Ao contrário dos bits clássicos, que podem existir nos estados 0 ou 1, os qubits podem existir numa sobreposição de ambos os estados simultaneamente.

Sobreposição

- **Princípio da sobreposição**: Explica que um qubit pode estar num estado que é uma combinação linear de 0 e 1. Esta propriedade permite que os qubits representem e processem múltiplas possibilidades ao mesmo tempo, aumentando exponencialmente o poder computacional.

Medição

- **Medição na Mecânica Quântica**: Discute como a medição colapsa o estado de superposição do qubit num estado clássico de 0 ou 1, com base em probabilidades determinadas pelo estado quântico do qubit.

Emaranhamento

- **Definição e propriedades**: Introduz o emaranhamento, em que os qubits podem ficar correlacionados uns com os outros de tal forma que o estado de um qubit influencia instantaneamente o estado de outro, independentemente da distância. Esta propriedade é essencial para a comunicação quântica e a computação quântica.

Tipos de Qubits

- **Implementações físicas**: Descreve várias implementações físicas de qubits, incluindo:

  o **Qubits supercondutores**: Qubits baseados em circuitos supercondutores que podem atingir tempos de coerência longos.

  o **Qubits de iões aprisionados**: Qubits formados por iões aprisionados por campos electromagnéticos, oferecendo operações de alta fidelidade.

  o **Qubits fotónicos**: Qubits codificados em fotões, promissores para a comunicação quântica a longa distância devido às baixas taxas de decoerência.

Portas e operações quânticas

- **Portas Quânticas Básicas**: Apresenta as portas quânticas básicas, como a porta de Hadamard, as portas de Pauli (X, Y, Z) e a porta CNOT. Estas portas manipulam qubits para efetuar computações quânticas, análogas às portas lógicas clássicas, mas tirando partido dos efeitos quânticos.

Coerência e Decoerência

- **Tempo de Coerência**: Define o tempo de coerência como a duração que um qubit pode manter o seu estado quântico antes de ocorrer a decoerência devido a ruído e interações externas.

- **Decoerência**: Discute o desafio da decoerência, em que factores ambientais fazem com que os qubits percam as suas propriedades quânticas e se comportem de forma clássica, limitando a duração dos cálculos quânticos.

Correção de erros

- **Correção quântica de erros**: Introduz códigos e técnicas de correção de erros quânticos destinados a atenuar os erros causados por decoerência e operações imperfeitas, cruciais para a expansão dos sistemas de computação quântica.

Aplicações e perspectivas futuras

- **Aplicações actuais**: Destaca as aplicações actuais dos qubits em simulações quânticas, problemas de otimização, criptografia e aprendizagem automática.

- **Perspectivas futuras**: Especula sobre o potencial impacto transformador dos avanços nas tecnologias dos qubits, incluindo a obtenção de vantagens quânticas sobre os computadores clássicos e a possibilidade de novas descobertas no domínio da ciência e da tecnologia.

- **Importância dos Qubits**: Destaca os qubits como os blocos de construção do processamento de informação quântica, essenciais para a realização de todo o potencial da computação quântica na resolução de problemas complexos que ultrapassam as capacidades clássicas.

Supremacia quântica e estado atual da computação quântica

Definição de supremacia quântica

- **Conceito**: A supremacia quântica refere-se ao ponto teórico em que os computadores quânticos podem resolver determinados problemas computacionais de forma significativamente mais rápida do que os melhores computadores clássicos. Este marco demonstra a potencial superioridade dos sistemas quânticos na realização de tarefas específicas.

Panorama da computação quântica

- **Estado atual**: Fornece uma visão geral do estado atual da computação quântica:

    o **Número de Qubits**: Discute a progressão da contagem de qubits, desde as primeiras demonstrações com alguns qubits até aos marcos recentes que ultrapassam os 100 qubits em alguns sistemas quânticos.

    o **Tempos de coerência**: Descreve melhorias nos tempos de coerência, permitindo que os qubits mantenham os seus estados quânticos durante períodos mais longos, cruciais para a realização de cálculos complexos.

    o **Taxas de erro**: Destaca os esforços em curso para reduzir as taxas de erro através de melhores concepções de qubit, técnicas de correção de erros e controlos ambientais.

Alcançar a supremacia quântica

- **Demonstrações experimentais**: Analisa experiências e demonstrações notáveis destinadas a alcançar a supremacia quântica, como a alegação da Google, em 2019, de efetuar um cálculo que levaria aos supercomputadores clássicos um tempo impraticável.

- **Verificação e controvérsia**: Discute o debate e o processo de verificação em torno das afirmações de supremacia quântica, incluindo discussões no seio da comunidade científica sobre o significado e as implicações destas realizações.

Desafios e limitações

- **Escalabilidade**: Aborda os desafios da escalabilidade na computação quântica, incluindo a necessidade de aumentar o número de qubits, mantendo a coerência e minimizando as taxas de erro.

- **Aplicações práticas**: Explora a diferença entre a obtenção da supremacia quântica em experiências controladas e o desenvolvimento de algoritmos quânticos práticos para aplicações no mundo real.

Esforços da indústria e da investigação

- **Principais intervenientes**: Traça o perfil das principais empresas, instituições de investigação e governos que investem na investigação e desenvolvimento da computação quântica, destacando os seus contributos para o avanço deste domínio.

- **Colaboração internacional**: Discute os esforços de colaboração e as parcerias destinadas a acelerar os progressos no domínio da computação quântica, incluindo a partilha de recursos e o intercâmbio de conhecimentos.

Perspectivas futuras

- **Tecnologias emergentes**: Especula sobre futuros desenvolvimentos em hardware e software quânticos, incluindo avanços em tecnologias de qubit, códigos de correção de erros e novos algoritmos quânticos.

- **Aplicações**: Prevê aplicações potenciais da computação quântica em domínios como a criptografia, a descoberta de medicamentos, os problemas de otimização e a inteligência artificial, impulsionadas pelos avanços nas capacidades do hardware quântico.

Conclusão

- **Resumo das realizações**: Resume os principais marcos e realizações na jornada rumo à supremacia quântica.

- **Olhar para o futuro**: Salienta os actuais desafios e oportunidades da computação quântica, apelando à continuação da investigação e do investimento para libertar todo o seu potencial.

Capítulo 2: Sinergias entre a IA e a computação quântica

Melhorar a aprendizagem automática com a computação quântica

Introdução

- **Intersecção da IA e da computação quântica**: Introduz o conceito de utilização de técnicas de computação quântica para melhorar as capacidades de aprendizagem automática, realçando a potencial sinergia entre estes dois domínios transformadores.

Fundamentos da aprendizagem automática

- **Algoritmos tradicionais de aprendizagem automática**: Analisa os algoritmos clássicos de aprendizagem automática, como a regressão linear, as árvores de decisão, as máquinas de vectores de suporte e as redes neuronais, realçando as suas limitações computacionais e os desafios de escalabilidade.

- **Papel dos grandes volumes de dados**: Discute o papel dos grandes volumes de dados na formação e na melhoria da precisão dos modelos de aprendizagem automática, destacando as exigências computacionais do processamento de grandes conjuntos de dados.

Noções básicas de aprendizagem automática quântica

- **Melhorias quânticas**: Explora a forma como a computação quântica pode melhorar os algoritmos de aprendizagem automática, tirando partido do paralelismo quântico e do entrelaçamento quântico para processar e analisar dados de forma mais eficiente do que os computadores clássicos.

- **Algoritmos de inspiração quântica**: Apresenta algoritmos de inspiração quântica, como o Recozimento Quântico, Circuitos Quânticos Variacionais e Máquinas Quânticas de Boltzmann, concebidos para resolver problemas de otimização e melhorar as tarefas de reconhecimento de padrões na aprendizagem automática.

Aplicações da aprendizagem automática quântica

- **Problemas de otimização**: Discute como a computação quântica pode otimizar funções e algoritmos complexos, oferecendo potenciais aplicações na gestão da cadeia de fornecimento, otimização de carteiras financeiras e planeamento logístico.

- **Reconhecimento de padrões**: Explora a forma como os algoritmos quânticos podem melhorar as tarefas de reconhecimento de padrões no reconhecimento de imagens e de voz, no processamento de linguagem natural e na análise de dados biomédicos.

Desafios e considerações

- **Restrições de hardware**: Aborda as limitações actuais do hardware quântico, incluindo os tempos de coerência dos qubits, as taxas de erro e as questões de escalabilidade que têm impacto na implementação prática dos algoritmos de aprendizagem automática quântica.

- **Desenvolvimento de algoritmos**: Discute os esforços de investigação em curso para o desenvolvimento de algoritmos e técnicas robustos de aprendizagem automática quântica que possam superar os seus homólogos clássicos e, ao mesmo tempo, resolver as restrições de hardware.

Direcções futuras

- **Integração da IA quântica**: Especula sobre a futura integração da computação quântica e da inteligência artificial, prevendo algoritmos híbridos quânticos-clássicos que aproveitam os pontos fortes de ambos os paradigmas para obter um desempenho superior em tarefas computacionais complexas.

- **Impacto na indústria e na sociedade**: Explora os potenciais impactos sociais da aprendizagem automática melhorada pelo quantum em sectores como os cuidados de saúde, as finanças, a cibersegurança e os sistemas autónomos, destacando considerações éticas e desafios regulamentares.

Conclusão

- **Resumo dos pontos principais**: Resume o potencial sinérgico da combinação da computação quântica com a aprendizagem automática para fazer avançar as capacidades de IA.

- **Olhando para o futuro**: Incentiva a continuação da investigação e da colaboração na exploração de algoritmos de aprendizagem automática melhorados pelo quantum e o seu impacto transformador em vários sectores e disciplinas científicas.

Algoritmos quânticos para tarefas de otimização e aprendizagem automática

Introdução

- **Papel da computação quântica**: Introduz o papel da computação quântica na abordagem de tarefas de otimização e de aprendizagem automática, destacando o seu potencial para superar os algoritmos clássicos em determinados problemas computacionais.

Problemas de otimização

- **Otimização Clássica vs. Otimização Quântica** : Contrasta os algoritmos de otimização clássicos, como a descida de gradiente e os algoritmos evolutivos, com os algoritmos quânticos concebidos para resolver problemas de otimização de forma mais eficiente.

- **Recozimento Quântico**: Explica o recozimento quântico, uma técnica de otimização quântica destinada a encontrar o mínimo global de uma determinada função objetivo, tirando partido das flutuações quânticas para explorar eficazmente os espaços de solução.

Algoritmos de aprendizagem automática quântica

- **Algoritmos Variacionais Quânticos**: Introduz algoritmos quânticos variacionais, tais como o Variational Quantum Eigensolver (VQE) e o Quantum Approximate Optimization Algorithm (QAOA), que optimizam modelos de aprendizagem automática e resolvem problemas de otimização combinatória aproveitando o paralelismo e o emaranhamento quânticos.

- **Máquinas Quânticas de Boltzmann**: Discute as Máquinas Quânticas de Boltzmann, modelos de inspiração quântica que imitam as redes neurais clássicas e melhoram as suas capacidades de aprendizagem utilizando princípios quânticos.

Aplicações em aprendizagem automática

- **Reconhecimento de padrões**: Explora a forma como os algoritmos quânticos podem melhorar as tarefas de reconhecimento de padrões na aprendizagem automática, incluindo o reconhecimento de imagens e de voz, o processamento de linguagem natural e o agrupamento de dados.

- **Redução da dimensionalidade**: Discute o potencial dos algoritmos quânticos para a redução da dimensionalidade em conjuntos de dados de alta dimensão, melhorando a eficiência computacional e o desempenho do modelo.

Desafios e considerações

- **Limitações do hardware quântico**: Aborda as limitações actuais do hardware quântico, tais como os tempos de coerência dos qubits, as taxas de erro e as questões de escalabilidade, que têm impacto na implementação prática e na escalabilidade dos algoritmos quânticos para tarefas de otimização e de aprendizagem automática.

- **Desenvolvimento de Algoritmos**: Discute os esforços de investigação em curso no desenvolvimento de algoritmos robustos de otimização quântica e de aprendizagem automática que possam utilizar eficazmente os recursos computacionais quânticos, atenuando simultaneamente as restrições de hardware.

Direcções futuras

- **Abordagens híbridas quântico-clássicas**: Especula sobre a futura integração de algoritmos híbridos quântico-clássicos que combinam os pontos fortes dos paradigmas de computação quântica e clássica para alcançar um desempenho superior em tarefas complexas de otimização e aprendizagem automática.

- **Aplicações no sector**: Explora as potenciais aplicações de algoritmos quânticos em indústrias como as finanças (otimização de carteiras), logística (otimização de rotas), descoberta de medicamentos (previsão de estruturas moleculares) e cibersegurança (encriptação e desencriptação).

Conclusão

- **Resumo dos pontos principais**: Resume as capacidades e os desafios dos algoritmos quânticos para tarefas de otimização e de aprendizagem automática.

- **Olhando para o futuro**: Encoraja mais investigação e colaboração no avanço dos algoritmos quânticos, abrindo caminho para aplicações transformadoras em inteligência artificial, otimização e muito mais.

Redes Neuronais Quânticas e suas vantagens potenciais

Introdução

- **Intersecção da Computação Quântica e das Redes Neuronais**: Apresenta as redes neuronais quânticas (QNNs) como uma abordagem híbrida que combina os princípios da computação quântica com a arquitetura das redes neuronais, com o objetivo de melhorar as capacidades de aprendizagem e processamento para além das redes neuronais clássicas.

Noções básicas sobre redes neurais quânticas

- **Arquitetura**: Descreve a arquitetura das redes neuronais quânticas, que consistem normalmente em camadas de qubits que representam neurónios e portas quânticas que realizam operações análogas às funções de ativação clássicas e aos ajustamentos de peso nas redes neuronais clássicas.

- **Paradigmas de treinamento**: Discute diferentes paradigmas de formação para QNNs, incluindo métodos baseados em gradientes adaptados à computação quântica e circuitos quânticos variacionais optimizados através de processos de aprendizagem iterativos.

Vantagens das Redes Neuronais Quânticas

- **Paralelismo quântico**: Explora como as QNNs aproveitam o paralelismo quântico para processar múltiplas entradas simultaneamente, potencialmente acelerando as tarefas de treinamento e inferência em comparação com as redes neurais clássicas.

- **Emaranhamento e padrões de dados complexos**: Destaca o papel do emaranhamento quântico nas QNNs, permitindo a exploração de padrões de dados complexos e correlações que as redes neurais clássicas podem ter dificuldade em captar de forma eficiente.

Aplicações das redes neurais quânticas

- **Reconhecimento de padrões**: Discute aplicações em reconhecimento de imagem e fala, processamento de linguagem natural e análise de dados biomédicos, onde as QNNs podem oferecer maior precisão e eficiência em relação às redes neurais clássicas.

- **Problemas de otimização**: Explora a forma como os QNNs podem ser adaptados para tarefas de otimização combinatória, tais como a resolução de problemas de caixeiros-viajantes ou otimização de carteiras, aproveitando o recozimento quântico e outras técnicas de otimização.

Desafios e considerações

- **Limitações do hardware quântico**: Aborda as actuais limitações do hardware quântico, incluindo os tempos de coerência, a fidelidade das portas e as questões de escalabilidade, que têm impacto na implementação prática e no desempenho das QNNs.

- **Desenvolvimento de Algoritmos**: Discute os esforços de investigação em curso no desenvolvimento de arquitecturas de redes neurais quânticas robustas e algoritmos de formação optimizados para recursos computacionais quânticos.

Direcções futuras

- **Abordagens híbridas quântico-clássicas**: Especula sobre a integração de arquitecturas híbridas quântico-clássicas, combinando os pontos fortes da aprendizagem profunda clássica com melhorias quânticas para alcançar um desempenho superior em tarefas complexas de análise e otimização de dados.

- **Aplicações industriais e científicas**: Explora as potenciais aplicações dos QNNs em sectores como as finanças (avaliação de riscos), os cuidados de saúde (descoberta de medicamentos) e a cibersegurança (deteção de anomalias), impulsionando os avanços na sinergia entre a IA e a computação quântica.

Conclusão

- **Resumo dos pontos principais**: Resume as potenciais vantagens e desafios das redes neurais quânticas para revolucionar a inteligência artificial e a modelação computacional.

- **Olhando para o futuro**: Incentiva uma maior exploração e colaboração no avanço das redes neurais quânticas, libertando todo o seu potencial para a resolução de problemas do mundo real e expandindo as fronteiras da IA quântica.

Aplicações de IA na computação quântica: Utilização da IA para a correção quântica de erros

Introdução

- **Convergência da IA e da computação quântica**: Introduz a sinergia entre a inteligência artificial (IA) e a computação quântica, centrando-se na forma como as técnicas de IA podem melhorar os processos de correção de erros quânticos para melhorar a fiabilidade e a escalabilidade dos computadores quânticos.

Noções básicas de correção quântica de erros

- **Desafios da computação quântica**: Discute a fragilidade inerente dos estados quânticos devido ao ruído ambiental e à decoerência, o que exige técnicas robustas de correção de erros para manter a fidelidade dos cálculos quânticos.

- **Códigos Quânticos de Correção de Erros**: Introduz códigos quânticos de correção de erros, como o código de superfície e os códigos estabilizadores, concebidos para detetar e corrigir erros que surgem da decoerência dos qubits e de operações quânticas imperfeitas.

O papel da IA na correção quântica de erros

- **Aprendizagem automática para a previsão de erros**: Explora a forma como os algoritmos de aprendizagem automática podem analisar os dados quânticos e prever padrões de erro, permitindo estratégias proactivas de correção de erros para atenuar os erros quânticos antes de estes se propagarem e afectarem os cálculos.

- **Otimização de portas quânticas**: Discute técnicas de otimização orientadas para a IA para portas e operações quânticas, melhorando a fidelidade da porta e reduzindo as taxas de erro em circuitos quânticos através de algoritmos de aprendizagem adaptativos.

Aplicações da IA na correção quântica de erros

- **Correção de erros em tempo real**: Descreve os mecanismos de correção de erros em tempo real orientados para a IA que monitorizam e ajustam continuamente as operações quânticas com base no feedback ambiental e nas medições do estado quântico.

- **Tolerância a falhas quânticas**: Explora o potencial da IA para melhorar as arquitecturas de computação quântica tolerantes a falhas, minimizando o impacto dos erros e permitindo a computação quântica escalável em escalas de tempo mais longas.

Desafios e considerações

- **Eficiência de dados**: Aborda o desafio de treinar modelos de IA com dados quânticos limitados, enfatizando a necessidade de estratégias eficientes de aquisição e utilização de dados adaptadas a ambientes de computação quântica.

- **Integração hardware-software**: Discute a integração de algoritmos de IA com hardware quântico, optimizando os recursos computacionais e assegurando a compatibilidade com as plataformas de computação quântica emergentes.

Direcções futuras

- **Abordagens híbridas quântico-clássicas**: Especula sobre o desenvolvimento futuro de abordagens híbridas quântico-clássicas que combinam a correção de erros orientada por IA com sistemas de controlo clássicos, maximizando a fiabilidade e o desempenho dos sistemas de computação quântica.

- **Impacto na indústria e na ciência**: Explora as potenciais aplicações da correção de erros quânticos melhorada por IA em indústrias como a criptografia quântica, a simulação quântica e a descoberta de materiais avançados, impulsionando os avanços na adoção da tecnologia quântica.

Conclusão

- **Resumo dos pontos principais**: Resume o papel da IA no avanço das técnicas de correção de erros quânticos, destacando o seu potencial para ultrapassar as actuais limitações e acelerar o desenvolvimento de aplicações práticas de computação quântica.

- **Olhando para o futuro**: Encoraja a continuação da investigação e da colaboração para tirar partido da IA para a correção de erros quânticos, abrindo caminho a soluções de computação quântica robustas e escaláveis, capazes de enfrentar desafios computacionais complexos.

Melhorias impulsionadas pela IA no desenvolvimento de hardware quântico

Introdução

- **Avanço do hardware quântico**: Apresenta o papel da inteligência artificial (IA) na melhoria do desenvolvimento do hardware quântico, centrando-se no modo como as técnicas de IA podem otimizar a conceção, o fabrico e os aspectos operacionais para ultrapassar as actuais limitações e acelerar o progresso.

Desafios actuais do hardware quântico

- **Restrições técnicas**: Discute desafios como os tempos de coerência dos qubits, a fidelidade das portas e as questões de escalabilidade que limitam o desempenho e a praticabilidade das plataformas de hardware quântico existentes.

- **Complexidade dos sistemas quânticos**: Destaca a complexidade da conceção e do controlo dos sistemas quânticos, exigindo soluções inovadoras para melhorar o desempenho e a fiabilidade.

Aplicações de IA no desenvolvimento de hardware quântico

- **Modelação de dispositivos quânticos**: Explora a forma como as simulações e técnicas de modelação baseadas em IA podem prever e otimizar o comportamento dos dispositivos quânticos, permitindo aos investigadores conceber qubits, portas quânticas e sistemas de controlo mais eficientes.

- **Descoberta e otimização de materiais**: Discute os algoritmos de IA para acelerar a descoberta de materiais, identificando novos materiais com as propriedades quânticas desejadas, tais como tempos de coerência melhorados e sensibilidade reduzida ao ruído.

Aprendizagem automática na experimentação quântica

- **Otimização da conceção experimental**: Descreve como os algoritmos de aprendizagem automática podem otimizar os parâmetros e protocolos experimentais, aumentando a eficiência e a fiabilidade das experiências quânticas.

- **Percepções baseadas em dados**: Discute o papel da IA na análise de dados experimentais, na extração de conhecimentos sobre fenómenos quânticos e na orientação de melhorias iterativas no desempenho do hardware quântico.

Aplicações da IA no hardware quântico

- **Correção de erros e calibração**: Explora técnicas baseadas em IA para correção de erros em tempo real, calibração e manutenção de hardware quântico, assegurando um funcionamento estável e preciso durante períodos prolongados.

- **Otimização do hardware**: Discute o potencial da IA para otimizar as disposições e arquitecturas de hardware quântico, melhorando a conetividade dos qubits, reduzindo a diafonia e melhorando o desempenho geral do sistema.

Desafios e considerações

- **Eficiência de dados**: Aborda o desafio de treinar modelos de IA com dados quânticos limitados, exigindo abordagens inovadoras para a aquisição e utilização de dados no desenvolvimento de hardware quântico.

- **Integração com algoritmos quânticos**: Discute a integração de optimizações orientadas para a IA com algoritmos quânticos, assegurando a compatibilidade e a sinergia entre os avanços do hardware e as capacidades computacionais.

Direcções futuras

- **Abordagens híbridas quântico-clássicas**: Especula sobre desenvolvimentos futuros em abordagens quânticas-clássicas híbridas, tirando partido de melhorias impulsionadas pela IA para acelerar a realização de computadores quânticos práticos capazes de resolver problemas complexos.

- **Impacto na indústria e na ciência**: Explora as potenciais aplicações dos avanços do hardware quântico impulsionados pela IA em indústrias como a simulação quântica, a criptografia, a descoberta de medicamentos e a otimização, impulsionando a inovação tecnológica e o crescimento económico.

Conclusão

- **Resumo dos pontos-chave**: Resume o impacto transformador das melhorias impulsionadas pela IA no desenvolvimento de hardware quântico, enfatizando o seu papel na superação dos desafios actuais e na libertação de todo o potencial das tecnologias quânticas.

- **Olhando para o futuro**: Encoraja a investigação e a colaboração contínuas no aproveitamento da IA para a otimização do hardware quântico, abrindo caminho para soluções de computação quântica da próxima geração que abordam desafios globais críticos.

Capítulo 3: IA quântica: a inteligência da próxima geração

IA quântica e resolução avançada de problemas

Introdução

- **Emergência da IA quântica**: Introduz o conceito de IA quântica, em que a computação quântica e a inteligência artificial convergem para resolver problemas computacionais complexos que ultrapassam as capacidades dos sistemas clássicos.

Fundamentos da IA quântica

- **Integração da computação quântica e da IA**: Discute o modo como a IA quântica combina o poder computacional dos computadores quânticos com as capacidades de aprendizagem e de tomada de decisões da inteligência artificial para resolver tarefas exigentes de otimização, simulação e reconhecimento de padrões.

- **Sinergias potenciais**: Explora os benefícios sinérgicos em que os algoritmos quânticos melhoram os modelos de IA e as técnicas de IA optimizam os cálculos quânticos, conduzindo a um desempenho superior em domínios de resolução de problemas.

Algoritmos de IA quântica

- **Otimização avançada**: Discute algoritmos de inspiração quântica, como o Recozimento Quântico e os Algoritmos Quânticos Variacionais (VQAs), concebidos para resolver problemas de otimização de forma mais eficiente do que os métodos clássicos.

- **Aprendizagem quântica de máquinas**: Explora algoritmos de aprendizagem automática quântica para reconhecimento de padrões, processamento de linguagem natural e análise de dados, aproveitando o paralelismo quântico e o emaranhamento para melhorar a precisão e a velocidade.

Aplicações da IA quântica

- **Simulação de sistemas complexos**: Examina a forma como a IA quântica pode simular sistemas quânticos complexos e fenómenos físicos, oferecendo uma visão da dinâmica molecular, das propriedades dos materiais e da química quântica para além do alcance das técnicas de simulação clássicas.

- **Criptografia e segurança**: Discute as potenciais aplicações da criptografia quântica para comunicação e encriptação seguras, tirando partido das propriedades quânticas para desenvolver protocolos de encriptação invioláveis.

Desafios e considerações

- **Integração de hardware e software**: Aborda os desafios da integração de hardware quântico com algoritmos de IA, garantindo a compatibilidade, eficiência e escalabilidade em aplicações do mundo real.

- **Desenvolvimento de algoritmos**: Discute a investigação em curso sobre o desenvolvimento de algoritmos robustos de IA quântica que possam funcionar eficazmente sob restrições de hardware quântico, como os tempos de coerência dos qubits e a fidelidade das portas.

Direcções futuras

- **Abordagens híbridas quântico-clássicas**: Especula sobre o desenvolvimento futuro de arquitecturas híbridas quântico-clássicas, combinando os pontos fortes da IA quântica com técnicas clássicas de IA para enfrentar tarefas de resolução de problemas mais vastas e mais complexas.

- **Adoção pela indústria**: Explora os potenciais impactos da IA Quântica em indústrias como as finanças (análise de risco, otimização de carteiras), cuidados de saúde (descoberta de medicamentos, medicina personalizada) e logística (otimização de rotas, gestão da cadeia de abastecimento), impulsionando a inovação tecnológica e o crescimento económico.

Implicações éticas e sociais

- **Privacidade e segurança**: Aborda as considerações éticas nas aplicações da IA quântica, nomeadamente no que respeita à privacidade dos dados, à segurança e à utilização responsável das tecnologias quânticas.

- **Política e regulamentação**: Discute a necessidade de políticas e regulamentos para reger a utilização ética da IA quântica, garantindo benefícios para a sociedade e atenuando simultaneamente os potenciais riscos e disparidades.

Algoritmos de inspiração quântica e suas aplicações

Introdução

- **Visão geral dos algoritmos de inspiração quântica**: Apresenta os algoritmos de inspiração quântica, que se inspiram nos princípios da computação quântica mas são concebidos para funcionar em hardware clássico, oferecendo potenciais vantagens na resolução de problemas computacionais complexos.

Algoritmos de otimização inspirados no Quantum

- **Recozimento Quântico Simulado**: Discute os algoritmos de recozimento quântico simulado, como o Algoritmo de Otimização Aproximada Quântica (QAOA), que imitam os processos de recozimento quântico para resolver problemas de otimização combinatória de forma eficiente.

- **Aplicações**: Explora aplicações em logística, finanças (otimização de carteiras) e fabrico (programação da produção), onde os algoritmos de inspiração quântica podem melhorar a tomada de decisões e a atribuição de recursos.

Algoritmos Quânticos Variacionais

- **Visão geral**: Apresenta algoritmos quânticos variacionais, como o Variational Quantum Eigensolver (VQE), que aproveitam as técnicas de otimização clássica para aproximar soluções para problemas de química quântica e ciência dos materiais em hardware clássico.

- **Aplicações**: Discute aplicações em simulações de química quântica, previsão de propriedades moleculares e otimização de materiais para a descoberta de medicamentos e armazenamento de energia.

Algoritmos de aprendizagem automática quântica

- **Máquinas quânticas de Boltzmann**: Explora as máquinas quânticas de Boltzmann, que utilizam os princípios de recozimento quântico para melhorar as capacidades de aprendizagem em tarefas de aprendizagem não supervisionadas, como o agrupamento e o reconhecimento de padrões.

- **Aplicações**: Discute potenciais aplicações na deteção de anomalias, sistemas de recomendação e agrupamento de dados, em que as abordagens de inspiração quântica oferecem vantagens sobre as técnicas clássicas de aprendizagem automática.

Vantagens dos algoritmos de inspiração quântica

- **Velocidade e eficiência**: Destaca as potenciais vantagens em termos de velocidade e eficiência computacionais em relação aos algoritmos clássicos para domínios problemáticos específicos, impulsionadas por estratégias de otimização inspiradas na quântica.

- **Escalabilidade**: Discute os benefícios da escalabilidade, em que os algoritmos de inspiração quântica podem lidar com conjuntos de dados maiores e instâncias de problemas mais complexos do que as contrapartes clássicas.

Desafios e considerações

- **Conceção de algoritmos**: Aborda os desafios na conceção de algoritmos robustos de inspiração quântica que aproveitem eficazmente os princípios quânticos enquanto funcionam em hardware clássico.

- **Validação do desempenho**: Discute a importância de validar o desempenho do algoritmo em relação a padrões de referência e aplicações do mundo real para avaliar a utilidade prática e a fiabilidade.

Direcções futuras

- **Abordagens híbridas quântico-clássicas**: Especula sobre a integração de algoritmos de inspiração quântica com plataformas de computação quântica emergentes, explorando arquitecturas híbridas quântico-clássicas para um melhor desempenho e escalabilidade.

- **Aplicações do sector**: Explora os potenciais impactos nas finanças (gestão de riscos, negociação algorítmica), cuidados de saúde (genómica, medicina personalizada) e cibersegurança (encriptação, deteção de ameaças), impulsionando a inovação em diversos sectores.

Estratégias de IA para o processamento de informação quântica

Introdução

- **Integração da IA e da informação quântica**: Apresenta a forma como as estratégias de inteligência artificial (IA) podem melhorar vários aspectos do processamento de informação quântica, desde o desenvolvimento de algoritmos quânticos até à correção e otimização de erros quânticos.

Otimização de Algoritmos Quânticos

- **Aprendizagem automática para a conceção de algoritmos** : Discute a forma como as técnicas de aprendizagem automática podem otimizar a conceção e o desempenho de algoritmos quânticos, tais como a melhoria das sequências de portas e a disposição dos circuitos para uma maior eficiência e precisão.

- **Programação quântica automatizada**: Explora abordagens de programação quântica automatizada, em que os algoritmos de IA ajudam a gerar e otimizar o código quântico, reduzindo o erro humano e melhorando o desempenho algorítmico.

Correção quântica de erros e tolerância a falhas

- **Correção de erros baseada em IA**: Examina o modo como as técnicas de IA, incluindo as redes neuronais e a aprendizagem por reforço, podem melhorar os códigos quânticos de correção de erros, prevendo e atenuando os erros nos cálculos quânticos em tempo real.

- **Computação quântica tolerante a falhas**: Discute estratégias de IA para conseguir uma computação quântica tolerante a falhas, minimizando o impacto do ruído e de factores ambientais nos estados e operações quânticos.

Otimização e controlo de hardware

- **Sistemas de controlo baseados em IA**: Introduz sistemas de controlo baseados em IA para hardware quântico, optimizando a calibração de qubit, operações de porta e condições ambientais para maximizar o desempenho e a estabilidade do hardware.

- **Algoritmos de Controlo Adaptativo**: Discute os algoritmos de controlo adaptativo que ajustam os parâmetros do dispositivo quântico em resposta a dados e feedback em tempo real, assegurando um processamento fiável e preciso da informação quântica.

Aprendizagem automática na teoria da informação quântica

- **Análise de dados quânticos**: Explora aplicações de aprendizagem automática na análise de dados quânticos, como a tomografia e a caraterização do estado quântico, tirando partido da IA para extrair conhecimentos significativos das medições quânticas.

- **Redes de informação quântica**: Discute estratégias de IA para otimizar as redes de informação quântica, incluindo protocolos de comunicação quântica e criptografia quântica, para aumentar a segurança e a eficiência.

Desafios e considerações

- **Eficiência de dados**: Aborda os desafios na formação de modelos de IA com dados quânticos limitados, exigindo abordagens inovadoras para a geração e simulação de dados para tarefas de processamento de informação quântica.

- **Complexidade algorítmica**: Discute a complexidade da integração da IA com o processamento de informação quântica, o equilíbrio dos recursos computacionais e o desempenho algorítmico em implementações práticas.

Direcções futuras

- **Abordagens híbridas quântico-clássicas**: Especula sobre o futuro desenvolvimento de arquitecturas híbridas quântico-clássicas, em que as estratégias de IA complementam as capacidades de computação quântica para tarefas avançadas de processamento de informação.

- **Aplicações no sector**: Explora os potenciais impactos em indústrias como as finanças (finanças quânticas, análise de risco), cuidados de saúde (imagiologia quântica, descoberta de medicamentos) e telecomunicações (redes quânticas, comunicação segura), impulsionando a inovação e o crescimento económico.

Implicações éticas e filosóficas: Considerações éticas no desenvolvimento da IA quântica

Introdução

- **Emergência da IA quântica**: Apresenta a intersecção da computação quântica e da inteligência artificial, destacando as considerações éticas que surgem do desenvolvimento e da implantação de tecnologias de IA quântica.

Privacidade e segurança dos dados

- **Sensibilidade dos dados**: Discute as implicações éticas do tratamento de dados quânticos sensíveis, como informações pessoais e chaves criptográficas, salientando a necessidade de técnicas robustas de encriptação e de preservação da privacidade em aplicações de IA quântica.

- **Propriedade dos dados**: Explora questões de propriedade e consentimento de dados em conjuntos de dados quânticos, defendendo quadros transparentes de governação de dados que respeitem os direitos dos utilizadores e atenuem os riscos de utilização indevida ou de acesso não autorizado.

Preconceito e equidade

- **Enviesamento algorítmico**: Examina o potencial de enviesamento dos algoritmos de IA Quantum, considerando factores como enviesamentos do conjunto de dados, decisões algorítmicas e resultados discriminatórios não intencionais.

- **Equidade na tomada de decisões**: Discute estratégias para promover a justiça e a equidade nas aplicações de IA quântica, assegurando que os algoritmos respeitem as normas éticas e atenuem os enviesamentos nos processos críticos de tomada de decisões.

Transparência e responsabilidade

- **Transparência algorítmica**: Aborda o desafio de explicar às partes interessadas os algoritmos de inspiração quântica e as decisões baseadas em IA, defendendo a transparência para criar confiança e responsabilidade.

- **Princípios éticos de conceção**: Discute a adoção de princípios éticos de conceção no desenvolvimento da IA quântica, incluindo quadros de responsabilização, auditorias de equidade e monitorização contínua do desempenho e dos impactos dos algoritmos.

Tecnologia de dupla utilização e segurança

- **Aplicações militares e de segurança**: Explora os dilemas éticos relacionados com a natureza de dupla utilização das tecnologias de IA quântica, equilibrando os avanços na defesa e na segurança nacional com os potenciais riscos de utilização indevida ou proliferação.

- **Quadros regulamentares**: Discute o papel das normas internacionais e dos quadros regulamentares que regem o desenvolvimento e a implantação responsáveis da IA quântica, abordando as questões de segurança e promovendo a cooperação global.

Impacto social e desigualdade

- **Divisão Digital**: Examina as implicações para a desigualdade digital e o acesso às tecnologias de IA quântica, considerando as disparidades na adoção tecnológica e os impactos socioeconómicos nas comunidades marginalizadas.

- **Quadros de decisão éticos**: Discute o desenvolvimento de quadros de decisão ética e de diretrizes para as partes interessadas, incluindo investigadores, programadores, decisores políticos e utilizadores finais, para enfrentar desafios éticos complexos na IA quântica.

Reflexões filosóficas

- **Interação Homem-IA**: Explora questões filosóficas sobre a natureza da interação homem-IA em sistemas de IA quântica, incluindo responsabilidades éticas, autonomia e o papel do julgamento humano na tomada de decisões orientadas para a IA.

- **Riscos existenciais**: Considera os debates filosóficos em torno dos riscos existenciais e dos dilemas éticos colocados pela IA avançada e pelas tecnologias quânticas, dando ênfase a medidas proactivas para uma inovação e governação responsáveis.

Impacto na sociedade, no emprego e na economia global

Introdução

- **Avanços tecnológicos**: Introduz o impacto transformador da computação quântica e das tecnologias de IA na sociedade, no emprego e na economia global, explorando tanto as oportunidades como os desafios.

Impacto social

- **Adoção tecnológica**: Discute a difusão da computação quântica e das tecnologias de IA na sociedade, com impacto na vida quotidiana através de uma melhor comunicação, cuidados de saúde, transportes e infra-estruturas urbanas.

- **Educação e literacia digital**: Explora a necessidade de reformas educativas e de iniciativas de literacia digital para preparar os indivíduos para a era da IA quântica, colmatando as lacunas de competências e promovendo o acesso inclusivo aos avanços tecnológicos.

Dinâmica do mercado de trabalho

- **Funções de trabalho emergentes**: Examina as novas oportunidades de emprego no domínio da computação quântica, da investigação em IA, do desenvolvimento de algoritmos e da cibersegurança, que exigem competências especializadas em mecânica quântica, aprendizagem automática e ciência dos dados.

- **Impacto nas indústrias tradicionais**: Discute a potencial deslocação de postos de trabalho em sectores tradicionais devido à automatização e à eficiência impulsionada pela IA, salientando a importância da requalificação da mão de obra e da adaptação à mudança tecnológica.

Crescimento económico e inovação

- **Indústria 4.0**: Explora o papel da computação quântica e da IA na condução de iniciativas da Indústria 4.0, melhorando os processos de fabrico, a gestão da cadeia de abastecimento e a automatização industrial para aumentar a produtividade e a competitividade.

- **Ecossistemas de inovação**: Discute a formação de ecossistemas de inovação em torno das tecnologias de IA quântica, promovendo a colaboração entre o meio académico, a indústria e o governo para acelerar os avanços tecnológicos e o crescimento económico.

Competitividade económica global

- **Investimentos estratégicos**: Examina os investimentos globais em computação quântica e investigação em IA, destacando os esforços dos países e das empresas multinacionais para manter a liderança tecnológica e a competitividade económica.

- **Política e regulamentação**: Discute a importância dos quadros regulamentares e da cooperação internacional na governação das tecnologias de IA quântica, garantindo normas éticas, protocolos de segurança e uma concorrência leal no mercado global.

Desafios e considerações

- **Impactos éticos e sociais**: Aborda os dilemas éticos, incluindo as preocupações com a privacidade, os preconceitos algorítmicos e as desigualdades sociais exacerbadas pelos avanços tecnológicos, defendendo a inovação responsável e o desenvolvimento inclusivo.

- **Transição da força de trabalho**: Discute os desafios da transição da força de trabalho e da deslocação do emprego, salientando a necessidade de políticas laborais proactivas, programas de aprendizagem ao longo da vida e redes de segurança social para apoiar os indivíduos afectados.

Direcções futuras

- **Crescimento inclusivo**: Especula sobre o potencial das tecnologias de IA quântica para promover o crescimento económico inclusivo, colmatar os fossos digitais e capacitar as comunidades carenciadas através de um melhor acesso à educação, aos cuidados de saúde e às oportunidades económicas.

- **Colaboração global**: Incentiva a cooperação internacional e a partilha de conhecimentos para aproveitar todo o potencial da computação quântica e das tecnologias de IA, abordando desafios globais como as alterações climáticas, as disparidades nos cuidados de saúde e o desenvolvimento sustentável.

Capítulo 4: Desafios e limitações

Desafios técnicos

Introdução

- **Complexidade dos sistemas quânticos**: Apresenta os desafios técnicos inerentes ao desenvolvimento e à expansão das tecnologias de computação quântica, destacando as principais áreas em que os avanços são cruciais para ultrapassar as actuais limitações.

Coerência e estabilidade de Qubit

- **Decoerência**: Discute o desafio fundamental da decoerência de qubits, em que os estados quânticos perdem a coerência devido a interações com o ambiente, limitando o tempo que os qubits podem manter a sobreposição e o emaranhamento.

- **Estratégias de atenuação**: Explora estratégias como códigos de correção de erros, algoritmos de correção de erros quânticos e materiais e concepções melhorados de qubits para aumentar os tempos de coerência e a estabilidade dos qubits.

Escalabilidade dos sistemas quânticos

- **Escalabilidade do hardware**: Examina os desafios da ampliação dos sistemas quânticos para suportar um maior número de qubits e portas quânticas, cruciais para a resolução de problemas computacionais complexos fora do alcance dos computadores clássicos.

- **Projectos de Arquitetura**: Discute diversas abordagens à arquitetura quântica, incluindo qubits supercondutores, iões aprisionados e qubits topológicos, cada um apresentando desafios e oportunidades únicos de escalabilidade.

Fidelidade da porta quântica

- **Operações de porta**: Destaca os desafios na obtenção de operações de porta quântica de alta fidelidade, essenciais para manter a precisão e a fiabilidade nos cálculos quânticos.

- **Ruído e taxas de erro**: Discute as actuais limitações na fidelidade das portas, influenciadas por factores como a eletrónica de controlo, o ruído térmico e as imperfeições do hardware quântico, com impacto no desempenho global da computação quântica.

Software Quântico e Conceção de Algoritmos

- **Complexidade do Algoritmo**: Explora os desafios na conceção e otimização de algoritmos quânticos que utilizam eficientemente qubits e portas quânticas, considerando a escalabilidade algorítmica e a adaptação a restrições de hardware quântico.

- **Desenvolvimento de compiladores quânticos**: Discute o desenvolvimento de compiladores quânticos e linguagens de programação adaptadas ao hardware quântico, simplificando a implementação de algoritmos e optimizando a execução de circuitos quânticos.

Integração com sistemas clássicos

- **Abordagens híbridas quântico-clássicas**: Examina os desafios de integração entre sistemas de computação quântica e clássica, garantindo compatibilidade, troca eficiente de dados e sincronização para algoritmos híbridos quântico-clássicos.

- **Redes quânticas**: Discute os desafios das redes quânticas e protocolos de comunicação, cruciais para ligar processadores quânticos distribuídos e permitir arquitecturas de computação quântica escaláveis.

Validação experimental e correção de erros

- **Protocolos de validação**: Aborda os desafios da validação experimental de computações quânticas, incluindo a aferição de desempenhos, a caraterização de erros e a verificação dos resultados dos algoritmos quânticos.

- **Correção quântica de erros**: Explora a investigação em curso sobre códigos e algoritmos de correção de erros quânticos, essenciais para atenuar os erros e melhorar a fiabilidade dos cálculos quânticos em escalas de tempo alargadas.

Colaboração interdisciplinar e financiamento

- **Colaboração na investigação**: Salienta a importância da colaboração interdisciplinar entre físicos, cientistas informáticos, engenheiros e matemáticos para enfrentar os complexos desafios da computação quântica.

- **Investimento e financiamento**: Discute o papel do financiamento governamental, do investimento privado e da colaboração internacional na aceleração da investigação e desenvolvimento da computação quântica, abordando as barreiras técnicas e promovendo a inovação.

Questões de escalabilidade na computação quântica

Introdução

- **Importância da Escalabilidade**: Introduz o conceito de escalabilidade na computação quântica, destacando o seu papel crítico na expansão das capacidades e aplicações práticas dos sistemas quânticos.

Escalabilidade do hardware

- **Contagem de Qubits**: Discute o desafio de aumentar o número de qubits nos processadores quânticos, essencial para efetuar cálculos mais complexos e obter vantagens quânticas em relação aos sistemas clássicos.

- **Limitações físicas**: Explora as limitações físicas, como os tempos de coerência dos qubits, a fidelidade das portas e as taxas de erro quântico, que impedem a escalabilidade dos projectos de hardware quântico em diferentes plataformas de qubits (qubits supercondutores, iões aprisionados, etc.).

Interconectividade e conetividade Qubit

- **Conectividade Qubit**: Examina os desafios relacionados com o estabelecimento e a manutenção da conetividade entre qubits num processador quântico, crucial para a implementação de códigos de correção de erros e para a execução de operações multi-qubit.

- **Conversas cruzadas e atenuação de conversas cruzadas**: Discute questões relacionadas com a interação entre qubits, em que as interações entre qubits vizinhos afectam a precisão computacional, e explora técnicas como a melhoria da disposição dos qubits e a eletrónica de controlo para atenuar estes efeitos.

Fidelidade da porta e taxas de erro

- **Operações de alta fidelidade**: Salienta a necessidade de portas quânticas de alta fidelidade com baixas taxas de erro para manter a precisão e a fiabilidade computacionais, abordando os desafios na melhoria do desempenho das portas em arquitecturas quânticas escaláveis.

- **Correção de erros**: Discute o papel dos códigos e algoritmos de correção de erros quânticos na atenuação de erros e no aumento da escalabilidade dos cálculos quânticos em escalas de tempo alargadas.

Desafios de fabrico e produção

- **Qualidade consistente dos qubits**: Examina os desafios no fabrico de qubits de qualidade consistente e reprodutibilidade em processadores quânticos de grande escala, abordando questões como a variabilidade dos qubits e defeitos de fabrico.

- **Processos de Fabrico Escaláveis**: Explora técnicas de fabrico escaláveis para a produção de dispositivos quânticos com elevado número de qubits e desempenho uniforme, essenciais para aplicações de computação quântica à escala industrial.

Escalabilidade algorítmica

- **Complexidade dos Algoritmos Quânticos**: Discute os desafios no escalonamento de algoritmos quânticos para problemas de maior dimensão e mais qubits, considerando a adaptabilidade algorítmica e a otimização para diversas arquitecturas de hardware quântico.

- **Desenvolvimento de compiladores quânticos**: Examina o desenvolvimento de compiladores quânticos eficientes e de linguagens de programação que facilitem a escalabilidade e a execução de algoritmos em processadores quânticos escaláveis.

Integração com a computação clássica

- **Sistemas híbridos quânticos-clássicos**: Aborda os desafios de integração entre os sistemas de computação quântica e clássica, assegurando a troca de dados sem descontinuidades, a sincronização e a execução de algoritmos híbridos para aplicações quânticas escaláveis.

- **Redes Quânticas**: Discute os desafios no desenvolvimento de protocolos e infra-estruturas de redes quânticas para ligar processadores quânticos distribuídos, permitindo a computação e comunicação quânticas escaláveis.

Esforços de investigação e desenvolvimento

- **Iniciativas de investigação em colaboração**: Destaca colaborações e iniciativas de investigação globais destinadas a superar os desafios de escalabilidade na computação quântica, realçando a importância de abordagens interdisciplinares e recursos partilhados.

- **Investimento em tecnologias quânticas**: Examina o papel do financiamento governamental, do investimento privado e das parcerias internacionais na aceleração dos esforços de investigação e desenvolvimento para alcançar soluções de computação quântica escaláveis.

Desafios da integração da IA e dos algoritmos quânticos

Introdução

- **Convergência da IA e da computação quântica**: Introduz a integração de técnicas de inteligência artificial (IA) com algoritmos quânticos, com o objetivo de tirar partido das capacidades da IA para otimizar, controlar e melhorar o desempenho dos sistemas de computação quântica.

Compatibilidade algorítmica

- **Conceção de Algoritmos Quânticos**: Discute os desafios na conceção de algoritmos quânticos que incorporem eficazmente técnicas de IA, como a aprendizagem automática e os algoritmos de otimização, para explorar o potencial da computação quântica na resolução de problemas complexos.

- **Pré-processamento clássico**: Explora o papel do pré-processamento clássico e das técnicas de preparação de dados na preparação de dados de entrada para algoritmos quânticos, garantindo a compatibilidade e a eficiência em abordagens híbridas quânticas-clássicas.

Integração de hardware e software

- **Restrições de hardware quântico**: Examina os desafios na integração de soluções de software orientadas para a IA com plataformas de hardware quântico existentes e emergentes, considerando as diferenças de arquitetura, conetividade qubit e operações de porta.

- **Desenvolvimento de compiladores quânticos**: Discute o desenvolvimento de compiladores quânticos capazes de traduzir algoritmos quânticos melhorados por IA em instruções executáveis para processadores quânticos específicos, optimizando o desempenho e a utilização de recursos.

Escalabilidade e atribuição de recursos

- **Escalabilidade do algoritmo**: Aborda os desafios de escalabilidade em algoritmos quânticos melhorados por IA, assegurando a atribuição eficiente de recursos e a otimização para computações quânticas em grande escala envolvendo múltiplos qubits e portas quânticas.

- **Complexidade computacional**: Explora as questões de complexidade computacional associadas à execução de algoritmos quânticos orientados para a IA, equilibrando a complexidade algorítmica com as restrições do hardware quântico e os limites operacionais.

Tratamento de dados e privacidade

- **Processamento de dados sensíveis**: Discute as considerações éticas e os desafios no tratamento de dados sensíveis no âmbito de algoritmos quânticos melhorados por IA, garantindo a privacidade, a segurança e a conformidade regulamentar em computações quânticas com grande volume de dados.

- **Fusão e integração de dados**: Examina técnicas de integração de diversas fontes e tipos de dados em algoritmos quânticos melhorados por IA, optimizando estratégias de fusão de dados e melhorando a robustez e fiabilidade algorítmicas.

Otimização do desempenho

- **Correção quântica de erros**: Destaca o papel das técnicas de IA no reforço dos mecanismos de correção de erros quânticos, melhorando a coerência dos qubits e a fidelidade das portas para atenuar os erros e melhorar o desempenho algorítmico global.

- **Adaptação em tempo real**: Discute os algoritmos de IA adaptativos capazes de ajustar dinamicamente as computações quânticas com base no feedback em tempo real e nas condições ambientais, optimizando o desempenho e a capacidade de resposta em tarefas de computação quântica.

Colaboração interdisciplinar

- **Investigação interdisciplinar**: Aborda a importância da colaboração interdisciplinar entre investigadores de IA, físicos quânticos, cientistas informáticos e especialistas em biologia, química, finanças e outros domínios, promovendo a inovação e fazendo avançar as soluções de computação quântica melhoradas por IA.
- **Transferência de conhecimentos**: Explora a transferência de conhecimentos e as iniciativas de desenvolvimento de competências destinadas a dotar os investigadores e os profissionais de conhecimentos especializados nos domínios da IA e da computação quântica, facilitando a integração efectiva e o desenvolvimento de soluções.

Considerações regulamentares e éticas

- **Quadros regulamentares**: Discute os desafios e considerações regulamentares na implantação de algoritmos quânticos melhorados por IA, garantindo a conformidade com as leis de proteção de dados, diretrizes éticas e normas internacionais que regem o desenvolvimento da tecnologia quântica.

- **Implicações éticas**: Aborda os dilemas éticos e as implicações societais da computação quântica melhorada pela IA, incluindo a atenuação de preconceitos, a transparência, a responsabilização e o acesso equitativo aos recursos e benefícios da computação quântica.

Desafios éticos e regulamentares: Preocupações de privacidade com a IA quântica

Introdução

- **Intersecção da IA quântica e da privacidade**: Introduz as considerações éticas e regulamentares decorrentes da integração da computação quântica e das tecnologias de inteligência artificial (IA), centrando-se nas preocupações com a privacidade em aplicações de IA quântica.

Tratamento de dados sensíveis

- **Sensibilidade dos dados quânticos**: Discute os desafios únicos colocados pelos dados quânticos, tais como estados quânticos e chaves criptográficas, que exigem medidas rigorosas de proteção da privacidade para impedir o acesso e a exploração não autorizados.

- **Encriptação e comunicação segura**: Explora o papel da criptografia quântica na garantia da transmissão e comunicação seguras de dados, aproveitando os princípios quânticos para melhorar os protocolos de encriptação e salvaguardar informações sensíveis.

Algoritmos de IA quântica e privacidade dos dados

- **Transparência algorítmica**: Aborda as preocupações relativas à transparência e à responsabilidade dos algoritmos quânticos orientados para a IA no tratamento de dados pessoais, salientando a necessidade de uma divulgação clara dos métodos e objectivos do tratamento de dados.

- **Anonimização e desidentificação de dados**: Discute técnicas para anonimizar e desidentificar conjuntos de dados quânticos para proteger a privacidade individual, preservando a utilidade dos dados para fins de investigação e análise.

Conformidade regulamentar

- **Regulamentos de proteção de dados**: Examina os quadros regulamentares, como o Regulamento Geral de Proteção de Dados (GDPR) na União Europeia e leis semelhantes em todo o mundo, que regem a recolha, armazenamento e processamento de dados pessoais em aplicações de IA quântica.

- **Transferências transfronteiriças de dados**: Discute os desafios da gestão das transferências transfronteiriças de dados e o cumprimento das normas internacionais de proteção de dados, assegurando a coerência das salvaguardas de privacidade entre jurisdições.

Considerações éticas

- **Equidade e atenuação de preconceitos**: Aborda os dilemas éticos relacionados com os enviesamentos algorítmicos e a equidade em computações quânticas baseadas em IA, garantindo um processamento de dados e uma tomada de decisões equitativos para defender os direitos individuais e os princípios de justiça social.

- **Consentimento informado**: Explora questões de consentimento informado na investigação e aplicações de IA quântica, defendendo uma comunicação transparente com os titulares dos dados relativamente à utilização dos dados, aos riscos e às implicações para a privacidade.

Riscos e vulnerabilidades de segurança

- **Ameaças à cibersegurança**: Examina as potenciais ameaças à cibersegurança e as vulnerabilidades dos sistemas quânticos de IA, incluindo técnicas de pirataria quântica que visam protocolos criptográficos e dados sensíveis armazenados em bases de dados quânticas.

- **Avaliação e mitigação de riscos**: Discute estratégias para realizar avaliações de risco abrangentes e implementar medidas robustas de cibersegurança para mitigar violações de privacidade e proteger a infraestrutura de IA quântica.

Confiança do público e envolvimento das partes interessadas

- **Criar confiança pública**: Destaca a importância de criar confiança pública através de práticas de dados responsáveis, quadros de governação ética e envolvimento das partes interessadas no desenvolvimento e implantação da IA quântica.

- **Conselhos de Revisão Ética**: Discute o papel dos conselhos de revisão ética e dos comités de supervisão interdisciplinares na avaliação das implicações éticas dos projectos de IA quântica e na garantia da adesão às normas éticas e às melhores práticas.

Quadros regulamentares e cooperação internacional

Introdução

- **Importância dos quadros regulamentares**: Introduz o papel crítico dos quadros regulamentares e da cooperação internacional na governação do desenvolvimento, implantação e utilização ética da computação quântica e das tecnologias de IA à escala global.

Abordagens regulamentares nacionais

- **Política e legislação**: Discute as diversas abordagens nacionais para regulamentar a computação quântica e a IA, destacando as variações nos quadros políticos, iniciativas legislativas e agências reguladoras que supervisionam os avanços tecnológicos.

- **Leis de proteção de dados**: Examina a forma como as leis de proteção de dados existentes, como o RGPD na UE e regulamentos semelhantes em todo o mundo, se aplicam ao tratamento de dados quânticos, garantindo a privacidade e a segurança em aplicações de computação quântica.

Normas e padrões internacionais

- **Esforços de normalização**: Explora os esforços internacionais para estabelecer padrões e normas comuns para a computação quântica e as tecnologias de IA, facilitando a interoperabilidade, a compatibilidade e a harmonização nos mercados globais.

- **Normas ISO e IEEE**: Discute o papel de organizações como a Organização Internacional de Normalização (ISO) e o Instituto de Engenheiros Eléctricos e Electrónicos (IEEE) no desenvolvimento de normas técnicas para hardware, software e protocolos de segurança da computação quântica.

Investigação e desenvolvimento em colaboração

- **Iniciativas de investigação globais**: Destaca iniciativas de investigação em colaboração e parcerias entre países, universidades, indústria e organizações internacionais para fazer avançar as capacidades de computação quântica, enfrentar desafios técnicos e promover a inovação.

- **Programas de Financiamento Conjunto**: Examina os programas de financiamento conjunto e os consórcios de investigação destinados a reunir recursos, conhecimentos especializados e infra-estruturas para acelerar o desenvolvimento da tecnologia quântica e promover a colaboração científica além fronteiras.

Implicações éticas e sociais

- **Diretrizes éticas**: Aborda considerações éticas na investigação sobre computação quântica e IA, defendendo a adoção de orientações éticas, princípios de inovação responsável e transparência no desenvolvimento e implantação de tecnologias.

- **Envolvimento do público**: Discute a importância de envolver as partes interessadas, incluindo o público, os decisores políticos e as organizações da sociedade civil, em debates sobre os impactos éticos, sociais e ambientais da computação quântica e das tecnologias de IA.

Cibersegurança e gestão de riscos

- **Protocolos de cibersegurança**: Examina os desafios da cibersegurança na computação quântica, incluindo a criptografia resistente ao quantum, a distribuição de chaves quânticas e estratégias para atenuar os riscos de cibersegurança associados à infraestrutura de computação quântica.

- **Quadros de Avaliação de Riscos**: Discute o desenvolvimento de quadros e protocolos de avaliação de riscos para avaliar os potenciais riscos e benefícios das aplicações da computação quântica, orientando a tomada de decisões regulamentares e a formulação de políticas.

Aplicação e conformidade

- **Monitorização da conformidade**: Aborda os desafios na aplicação da conformidade regulamentar e na monitorização da adesão às normas internacionais no cenário em rápida evolução da computação quântica e das tecnologias de IA.

- **Harmonização regulamentar**: Explora estratégias para promover a harmonização regulamentar e a convergência entre jurisdições, assegurando a consistência dos quadros jurídicos, das normas de proteção de dados e das diretrizes éticas para as implantações globais de tecnologia quântica.

Capítulo 5: A paisagem futura

Tendências emergentes

Introdução

- **Antecipação de desenvolvimentos futuros**: Apresenta o panorama futuro da computação quântica e das tecnologias de IA, explorando as tendências emergentes que deverão moldar a evolução e as aplicações destas tecnologias transformadoras.

Integração da IA quântica

- **Avanços sinérgicos**: Discute a integração da computação quântica com a inteligência artificial (IA), destacando as tendências emergentes em algoritmos híbridos quânticos-clássicos, modelos de aprendizagem automática melhorados quânticos e optimizações orientadas para a IA para sistemas quânticos.

- **Aprendizagem quântica de máquinas**: Explora os avanços nas técnicas de aprendizagem de máquinas quânticas, incluindo redes neurais quânticas, classificadores quânticos variacionais e algoritmos de inspiração quântica para análise de dados e reconhecimento de padrões.

Aplicações do sector

- **Inovações específicas do sector**: Examina as aplicações emergentes da computação quântica e da IA em diversos sectores, incluindo finanças, cuidados de saúde, ciência dos materiais e logística, tirando partido da vantagem quântica para resolver tarefas complexas de otimização, simulação e modelação preditiva.

- **Química Quântica e Descoberta de Medicamentos**: Discute o potencial da computação quântica para revolucionar a química computacional, acelerando os processos de descoberta de medicamentos através de simulações moleculares precisas e algoritmos quânticos.

Comunicação e criptografia quânticas

- **Intercâmbio seguro de informações**: Explora as tendências emergentes na comunicação e criptografia quânticas, incluindo a distribuição de chaves quânticas (QKD), redes quânticas seguras e protocolos de criptografia pós-quânticos resistentes a ataques quânticos.

- **Iniciativas Globais de Internet Quântica**: Discute os esforços internacionais para desenvolver uma infraestrutura de Internet quântica, permitindo a comunicação quântica segura e instantânea entre nós quânticos geograficamente distribuídos.

Plataformas de computação quântica

- **Arquitecturas Diversas**: Examina os avanços nas plataformas de hardware quântico, incluindo qubits supercondutores, iões aprisionados, qubits topológicos e processadores quânticos fotónicos, destacando a escalabilidade, as melhorias de coerência e as eficiências operacionais.

- **Serviços de Nuvem Quântica**: Discute o aumento das plataformas de computação quântica em nuvem e dos modelos quantum-as-a-service (QaaS), democratizando o acesso a recursos de computação quântica e acelerando os esforços de investigação e desenvolvimento a nível mundial.

Quadros éticos e de governação

- **Desenvolvimentos políticos e regulamentares**: Aborda as tendências emergentes em diretrizes éticas, quadros regulamentares e colaborações internacionais com o objetivo de promover a inovação responsável, salvaguardar a privacidade dos dados e garantir um acesso equitativo às tecnologias de computação quântica.

- **Integração da ética da IA**: Explora a integração dos princípios éticos da IA na governação da computação quântica, abordando a transparência algorítmica, a atenuação de preconceitos e as implicações sociais das aplicações quânticas melhoradas pela IA.

Educação Quântica e Desenvolvimento da Força de Trabalho

- **Competências e Iniciativas de Formação**: Examina as tendências emergentes na educação quântica, incluindo currículos especializados, programas de treinamento e iniciativas de pesquisa interdisciplinar para cultivar a próxima geração de cientistas, engenheiros e tecnólogos quânticos.

- **Sensibilização e envolvimento do público**: Discute os esforços para aumentar a sensibilização e o envolvimento do público na computação quântica e na IA, promovendo um discurso informado, considerações éticas e implicações societais das tecnologias quânticas.

Investigação e inovação em colaboração

- **Colaboração Global**: Destaca as tendências emergentes em ecossistemas de investigação e inovação em colaboração, incluindo parcerias público-privadas, consórcios e iniciativas internacionais que promovem tecnologias e aplicações de computação quântica.

- **Transferência e comercialização de tecnologia**: Explora as vias para a transferência de tecnologia da investigação académica para aplicações comerciais, promovendo o espírito empresarial, as parcerias industriais e o crescimento económico no ecossistema da computação quântica.

Potenciais avanços na IA quântica

Introdução

- **Potencial transformador**: Introduz o conceito de potenciais avanços na IA Quântica, destacando os avanços previstos que poderão revolucionar as capacidades computacionais, a eficiência na resolução de problemas e as aplicações de IA.

Aprendizagem automática quântica melhorada

- **Redes Neuronais Quânticas**: Discute o desenvolvimento de redes neurais quânticas mais potentes, capazes de processar e aprender com dados quânticos, tirando partido das propriedades de processamento paralelo e de sobreposição da computação quântica.

- **Algoritmos Quânticos Variacionais**: Explora os avanços nos algoritmos quânticos variacionais para otimizar os modelos de aprendizagem automática, melhorar a eficiência da formação e obter vantagens quânticas em tarefas complexas de análise de dados.

Processamento Quântico de Linguagem Natural

- **Compreensão da linguagem**: Examina os potenciais avanços no processamento quântico de linguagem natural (QNLP), permitindo uma modelação mais precisa e eficiente da linguagem, análise de sentimentos e compreensão semântica através de algoritmos quânticos.

- **Recuperação de informação**: Discute as aplicações de algoritmos quânticos em tarefas de recuperação de informação, melhorando as capacidades dos motores de busca e a extração de dados de grandes conjuntos de dados textuais.

Otimização Quântica

- **Otimização Combinatória**: Aborda os avanços nos algoritmos de otimização quântica, resolvendo problemas NP-difíceis com maior eficiência e escalabilidade, beneficiando a logística, a gestão da cadeia de fornecimento e a atribuição de recursos.
- **Gestão de carteiras**: Explora as aplicações de algoritmos quânticos na otimização de carteiras financeiras, avaliação de risco e modelos de precificação de activos, optimizando estratégias de investimento e processos de decisão financeira.

Simulação de sistemas quânticos

- **Simulação Quântica**: Discute os avanços na simulação de sistemas quânticos com elevada fidelidade e precisão, fazendo avançar a investigação em química quântica, ciência dos materiais e física quântica.

- **Modelação Molecular**: Explora as aplicações da simulação quântica na modelação molecular e na descoberta de medicamentos, acelerando o desenvolvimento de novos materiais e compostos farmacêuticos.

Hardware de IA melhorado por quantum

- **Arquitecturas híbridas quântico-clássicas**: Examina os avanços nas arquitecturas de computação quântica-clássica híbrida, integrando optimizações orientadas para a IA com processadores quânticos para melhorar o desempenho do hardware e a velocidade de computação.
- **Computação quântica tolerante a falhas**: Discute os avanços nas tecnologias de computação quântica tolerante a falhas, alcançando operações de qubit estáveis e capacidades de correção de erros críticas para aplicações de IA quântica em escala.

Comunicação quântica segura da IA

- **Distribuição de chaves quânticas**: Aborda os avanços nos protocolos de distribuição de chaves quânticas (QKD), permitindo canais de comunicação seguros e resistentes à pirataria quântica e a ataques criptográficos.

- **IA que preserva a privacidade**: Explora as aplicações da criptografia quântica para melhorar a privacidade dos dados e a computação segura para aplicações orientadas para a IA, protegendo informações sensíveis em sistemas de IA quântica.

Considerações éticas e regulamentares

- **Transparência algorítmica**: Discute os avanços na garantia da transparência algorítmica e da equidade em sistemas de IA quântica, abordando preconceitos e preocupações éticas nos processos de tomada de decisão.

- **Quadros regulamentares**: Examina os avanços no desenvolvimento de quadros regulamentares e diretrizes éticas para reger as tecnologias de IA quântica, promovendo a inovação responsável e o benefício para a sociedade.

Investigação e inovação em colaboração

- **Colaboração global**: Destaca avanços na colaboração internacional e iniciativas de investigação interdisciplinares, fazendo avançar as capacidades de IA quântica através de recursos partilhados, intercâmbio de conhecimentos e desenvolvimento tecnológico conjunto.

- **Transferência de tecnologia**: Explora os avanços na transferência de tecnologia da investigação em IA quântica para aplicações comerciais, promovendo o empreendedorismo, as parcerias industriais e o crescimento económico no ecossistema da computação quântica.

Indústrias e aplicações futuras

Introdução

- **Expanding Horizons**: Apresenta o potencial transformador da computação quântica e das tecnologias de IA em diversos sectores, destacando aplicações emergentes que estão preparadas para revolucionar as operações comerciais, a investigação científica e os avanços sociais.

Finanças e Banca

- **Finanças Quânticas**: Discute as aplicações da computação quântica na modelação financeira, avaliação de riscos, otimização de carteiras e negociação algorítmica, tirando partido dos algoritmos quânticos para uma tomada de decisões financeiras mais rápida e precisa.

- **Criptografia quântica**: Explora a integração da criptografia quântica em transacções seguras, garantindo protocolos de encriptação robustos e protegendo os dados financeiros contra ameaças de pirataria quântica.

Cuidados de saúde e produtos farmacêuticos

- **Descoberta de medicamentos**: Examina o papel da computação quântica na aceleração dos processos de descoberta de medicamentos através de simulações quânticas de estruturas moleculares, optimizando a conceção de compostos farmacêuticos e a medicina personalizada.

- **Genómica e Biomedicina**: Discute as aplicações de algoritmos quânticos na investigação genómica, na modelação de doenças e na medicina de precisão, promovendo a compreensão de sistemas biológicos complexos e melhorando os diagnósticos nos cuidados de saúde.

Ciência e engenharia dos materiais

- **Conceção de materiais**: Aborda as aplicações da computação quântica na ciência dos materiais, permitindo simulações precisas das propriedades dos materiais, acelerando a descoberta de materiais e melhorando a eficiência energética e a sustentabilidade.

- **Otimização do fabrico**: Explora a utilização de algoritmos quânticos para otimizar processos de fabrico, gestão da cadeia de fornecimento e atribuição de recursos em sectores industriais.

Logística e transportes

- **Otimização de rotas**: Discute algoritmos melhorados por quantum para otimizar redes de logística e transporte, reduzindo o consumo de combustível, minimizando os tempos de entrega e melhorando a eficiência operacional global.

- **Gestão do tráfego**: Explora aplicações da computação quântica na otimização do fluxo de tráfego, planeamento urbano e iniciativas de cidades inteligentes, melhorando a mobilidade e as infra-estruturas de transporte.

Energia e sustentabilidade ambiental

- **Otimização da rede de energia**: Examina as aplicações da computação quântica na otimização das redes de energia, na integração de fontes de energia renováveis e no aumento da estabilidade e eficiência da rede.

- **Modelação climática**: Discute o papel das simulações quânticas na modelação climática, previsão meteorológica e avaliações de impacto ambiental, apoiando o desenvolvimento sustentável e os esforços de resiliência climática.

Telecomunicações e Internet Quântica

- **Comunicações seguras**: Explora as aplicações da distribuição quântica de chaves (QKD) e das comunicações quânticas seguras na proteção da transmissão de dados contra ameaças de pirataria quântica, garantindo a privacidade e a integridade dos dados.

- **Infraestrutura de rede quântica**: Discute o desenvolvimento de uma infraestrutura de Internet quântica, permitindo a comunicação ultra-segura e instantânea entre nós quânticos a nível mundial, revolucionando as telecomunicações.

Integração da Inteligência Artificial e da Computação Quântica

- **Modelos híbridos de IA**: Aborda a convergência das tecnologias de computação quântica e de IA, promovendo o desenvolvimento de modelos híbridos de IA quântica-clássica para análise avançada de dados, reconhecimento de padrões e sistemas de apoio à decisão.

- **Aprendizagem Quântica de Máquinas**: Explora as aplicações de algoritmos quânticos para melhorar os modelos de aprendizagem automática, otimizar as tarefas de processamento de dados e melhorar a análise preditiva em vários sectores.

Implicações éticas e sociais

- **Considerações éticas**: Discute os dilemas éticos e as implicações sociais da computação quântica e das aplicações de IA, incluindo a justiça, a transparência, a responsabilidade e o acesso equitativo aos avanços tecnológicos.

- **Quadros regulamentares**: Examina o desenvolvimento de quadros regulamentares e diretrizes éticas para reger a computação quântica e as tecnologias de IA, garantindo uma inovação responsável e o benefício para a sociedade.

Preparar o salto quântico: preparação da educação e da força de trabalho, investimentos estratégicos e colaboração internacional

Introdução

- **Exigências emergentes**: Introduz a necessidade crítica de preparar a força de trabalho global e os sistemas educativos para aproveitar o potencial da computação quântica e das tecnologias de IA, dando ênfase aos investimentos estratégicos e à colaboração internacional.

Iniciativas de educação e formação

- **Desenvolvimento curricular**: Discute iniciativas para integrar a computação quântica e o ensino da IA nos currículos académicos de universidades e instituições de ensino em todo o mundo, promovendo a aprendizagem interdisciplinar e o desenvolvimento de competências.

- **Programas de Ciência da Informação Quântica**: Explora programas especializados em ciência da informação quântica, oferecendo formação prática em mecânica quântica, algoritmos e tecnologias de computação quântica para cultivar futuros cientistas e engenheiros quânticos.

Preparação da força de trabalho

- **Desenvolvimento de competências**: Aborda a importância de programas de preparação da força de trabalho e iniciativas de desenvolvimento profissional para equipar os indivíduos com competências especializadas em computação quântica, IA, cibersegurança e ciência de dados.

- **Parcerias com a indústria**: Discute as colaborações entre o meio académico, a indústria e as instituições de investigação para colmatar o défice de competências, oferecendo formação prática, estágios e percursos profissionais em sectores emergentes da tecnologia quântica.

Investimentos estratégicos

- **Financiamento da investigação**: Examina os investimentos estratégicos em investigação, desenvolvimento e infra-estruturas de computação quântica por parte dos governos, das partes interessadas do sector privado e das agências internacionais de financiamento para acelerar os avanços tecnológicos.

- **Incubação de startups**: Discute o papel do financiamento de capital de risco, das incubadoras de startups e dos centros de inovação no fomento de startups de tecnologia quântica, na promoção do empreendedorismo e na comercialização de inovações em computação quântica.

Colaboração internacional

- **Consórcios de investigação globais**: Destaca consórcios de investigação em colaboração e parcerias internacionais destinadas a reunir recursos, conhecimentos especializados e infra-estruturas para fazer avançar a computação quântica e as capacidades de IA.
- **Desenvolvimento Tecnológico Conjunto**: Explora iniciativas de desenvolvimento tecnológico conjunto entre países, promovendo o intercâmbio de conhecimentos, a harmonização de normas e quadros de cooperação para a implantação global de tecnologias quânticas.

Harmonização das políticas e da regulamentação

- **Diretrizes éticas**: Aborda o desenvolvimento de orientações éticas, quadros regulamentares e normas internacionais para reger a computação quântica e as tecnologias de IA, garantindo uma inovação responsável e o benefício para a sociedade.

- **Direitos de propriedade intelectual**: Discute considerações sobre direitos de propriedade intelectual, políticas de transferência de tecnologia e acesso equitativo aos avanços da computação quântica através da cooperação internacional e da harmonização de políticas.

Sensibilização e envolvimento do público

- **Divulgação Educacional**: Examina campanhas de sensibilização do público, programas de divulgação educacional e iniciativas de envolvimento da comunidade para promover a compreensão da computação quântica e das tecnologias de IA entre diversos públicos.

- **Diálogo com as partes interessadas**: Discute a importância de envolver os decisores políticos, os líderes da indústria, o meio académico e a sociedade civil no diálogo sobre as implicações éticas, sociais e económicas da computação quântica e dos avanços da IA.

Conclusão

Nesta exploração de "The Quantum Leap: AI in the Next Century", embarcámos numa viagem através da convergência da computação quântica e da inteligência artificial, imaginando um futuro em que estas tecnologias transformadoras redefinem as fronteiras da descoberta científica, do poder computacional e do impacto social. Desde o lançamento das bases da mecânica quântica e da IA até à exploração das suas sinergias e descobertas, testemunhámos o potencial da IA quântica para revolucionar as indústrias, resolver problemas complexos e acelerar a inovação em todos os sectores globais. À medida que antecipamos o surgimento da aprendizagem automática quântica, da comunicação quântica segura e dos algoritmos inspirados na quântica, temos também de navegar por considerações éticas, desafios regulamentares e o imperativo de preparar uma força de trabalho qualificada através de investimentos estratégicos e da colaboração internacional. O panorama futuro é promissor - computadores quânticos que desbloqueiam capacidades computacionais sem precedentes, algoritmos de IA que melhoram os processos de tomada de decisões e colaborações interdisciplinares que conduzem a descobertas nos domínios dos cuidados de saúde, finanças, ciência dos materiais e outros. Como administradores desta fronteira tecnológica, é nossa responsabilidade colectiva fomentar quadros éticos, promover a inovação inclusiva e garantir que os benefícios da IA quântica enriquecem a humanidade, ao mesmo tempo que abordam os desafios do futuro. Com uma dedicação contínua à investigação, à educação e à cooperação global, podemos aproveitar todo o potencial do salto quântico, moldando um futuro em que a computação quântica e a IA nos permitam enfrentar e resolver as complexidades do nosso tempo.

Referências

Jyothi Ahuja, N.; Dutt, S. Implications of Quantum Science on Industry 4.0: Desafios e oportunidades. Em *Quantum e Blockchain para sistemas de computação modernos: Visão e avanços;* Kumar, A., Gill, S.S., Abraham, A., Eds.; Notas de aula sobre engenharia de dados e tecnologias de comunicação; Springer International Publishing: Cham, Suíça, 2022; Volume 133, pp. 183-204. ISBN 978-3-031-04612-4.

Kim, D.; Kang, J.; Kim, T.W.; Pan, Y.; Park, J.H. The Future of Quantum Information: Challenges and Vision. *J. Inf. Process. Syst.* **2021**, *17*, 151-162.

Senekane, M.; Maseli, M.; Taele, M.B. Noisy, Intermediate-Scale Quantum Computing and Industrial Revolution 4.0. Em *The Disruptive Fourth Industrial Revolution;* Doorsamy, W., Paul, BS, Marwala, T., Eds.; Lecture Notes in Electrical Engineering; Springer International Publishing: Cham, Suíça, 2020; Volume 674, pp. 205-225. ISBN 978-3-030-48229-9.

Deutsch, I.H. Harnessing the Power of the Second Quantum Revolution (Aproveitando o Poder da Segunda Revolução Quântica). *PRX Quantum* **2020**, *1*, 020101.

Awan, U.; Hannola, L.; Tandon, A.; Goyal, R.K.; Dhir, A. Quantum Computing Challenges in the Software Industry. Uma abordagem baseada em Fuzzy AHP. *Inf. Softw. Technol.* **2022**, *147*, 106896.

Sigov, A.; Ratkin, L.; Ivanov, L.A.; Xu, L.D. Emerging Enabling Technologies for Industry 4.0 and Beyond. *Inf. Syst. Front.* **2022**.

Page, M.J.; McKenzie, J.E.; Bossuyt, P.M.; Boutron, I.; Hoffmann, T.C.; Mulrow, C.D.; Shamseer, L.; Tetzlaff, J.M.; Akl, E.A.; Brennan, S.E.; et al. The PRISMA 2020 Statement: Uma diretriz atualizada para relatar revisões sistemáticas. **BMJ2021**, *372*, n71.

Printed by Books on Demand GmbH, Norderstedt / Germany